MW01705613

LA GRANDE PAIX
Kayaneren'kó:wa

DAVID BOUCHARD

illustrations de RAYMOND R. SKYE

traduction en mohawk de FRANKLIN W. MILLER

PLAINES
www.plaines.ca

INTRODUCTION

En tant que Métis, il est essentiel pour moi que l'Histoire et la culture soient respectées et transmises. Le récit poétique que vous allez lire est largement dû à l'artiste Rotinonhshón:ni et excellent ami Raymond Skye. Ce dernier attribue une bonne partie de ses connaissances aux enseignements traditionnels de son défunt père, membre de la Nation Seneca, et feu le chef cayuga : Jacob E. Thomas, considéré comme l'autorité en matière de Grande Paix, aussi connue comme la Grande Loi.

Nous avons choisi de mettre en évidence des personnages qui, bien avant l'arrivée des Européens sur l'Île de la Tortue, bien avant la Grande Paix de Montréal de 1701, ont œuvré à instaurer la Grande Paix chez les peuples iroquois, un concept qui a inspiré la démocratie du Nouveau Monde :

- Deganawi:da, appelé Pacificateur, est un homme de paix, chef spirituel et visionnaire de la Grande Paix. Véritable don du Créateur, il est né d'une vierge et, même s'il n'a pas marché sur l'eau, il a fabriqué un canot de pierre.
- Hiawatha, aussi appelé Ayenwahtha, disciple de Pacificateur, est un rassembleur. Un homme de courage qui a accepté d'affronter le sorcier Atotarhoh et de sacrifier ses filles. Il a créé le Wampum pour se consoler et consoler la douleur des autres.

Deux personnages légendaires ont traversé leur route :

- Jikonsaseh/Tsikonhasase, femme puissante et de mauvaise réputation, devenue la Mère de toutes les nations.
- Atotarhoh, chef de guerre et sorcier maléfique devenu leadeur de la paix.

Hiawatha est célèbre à travers le monde grâce surtout à *La chanson de Hiawatha* de Henry Wadsworth Longfellow. Charmant et agréable, ce poème contient de nombreuses inexactitudes. Les membres du peuple Rotinonhshón:ni ne veulent pas que leurs enfants croient, à tort, que ce poème décrit *Ayenwahtha* en tant qu'homme. Ce type de fausse représentation peut être source de confusion en ce qui touche la véritable nature de l'homme et de son peuple.

Parmi les nombreuses inexactitudes dans le poème de Longfellow, en voici cinq :

1. Longfellow relate les exploits d'un homme et d'une nation, alors qu'en réalité il s'agit de deux hommes différents issus de deux nations différentes. Longfellow nous porte à croire que Hiawatha et Pacificateur sont une seule et même personne. Ils ne l'étaient pas, et ne faisaient pas non plus partie de la même nation. Pacificateur était Wendat, alors qu'Ayenwahtha était Onondaga.
2. Hiawatha n'a pas vengé le mal fait par son père, Vent d'Ouest, à sa mère, Wenonah. Ce guerrier était un homme pacifique, rêvant de voir la guerre se terminer. Il a créé le Wampum permettant d'exprimer sa compassion envers les autres.

3. Le concept voulant que Vent d'Ouest soit le père d'Ayenwahtha provient directement de l'histoire de la création des Haudenosaunee. L'esprit de Vent d'Ouest rendit visite à la fille de Femme du Ciel et déposa deux flèches sur son ventre pendant son sommeil. Elle tomba ainsi enceinte de deux fils : Teharonhiawako, « Porteur de l'Univers » et Sawiskera, « le Malicieux ».
4. Au moyen d'images magnifiques, Longfellow a créé de nombreux personnages. Toutefois, il n'en a pas mentionné trois, pourtant essentiels dans cette épopée : Pacificateur, Jikonsaseh et Atotarhoh. De plus, il a omis les évènements les plus importants de la vie d'Ayenwahtha, à savoir le rôle qu'il a joué dans la création d'une Confédération : la Grande Paix, la création du Wampum et du Pin blanc de la Paix.
5. Si Longfellow avait compris l'ampleur du rôle joué par Pacificateur, c'est sans doute sur lui qu'il aurait écrit plutôt que sur Hiawatha.

Ce livre vise à présenter ces personnages et ces évènements clés. Il nous faudrait des volumes et des volumes pour pouvoir vous faire le récit de la Grande Paix. Nous espérons vivement que ce récit saura mettre en lumière l'une des époques les plus incroyables de l'histoire de l'Amérique du Nord.

Les Sept Enseignements, communs aux Premières Nations du Canada, se retrouvent au fil des pages. Cependant, chez les Haudenausonee, la Paix, la Justice et la Puissance sont prépondérantes. Les peintures de Raymond Skye illustrent admirablement les animaux représentatifs des divers clans.

Aujourd'hui, les Rotinonhshón:ni sont un peuple fort et fier. La vérité et la compréhension constituent une grande partie de leur vision et de leur mission.

C'est certainement ainsi que les Rotinonhshón:ni auraient parlé à leurs enfants du grand Chef Ayenwahtha : non pas comme d'un héros, mais comme d'un homme qui a oeuvré avec Pacificateur à l'établissement de la Grande Paix, la Grande Loi.

Parmi les nombreux rituels protocolaires qui pourraient être soulignés, nous n'en mentionnerons qu'un.

Nous sommes conscients que le vrai nom de Pacificateur est Deganawi:da. Parmi les Rotinonhshón:ni, ce nom est sacré et est seulement prononcé lors d'une cérémonie de Condoléance ou durant l'énonciation de la Grande Paix/Loi. C'est pourquoi et tout au long du livre, nous l'appellerons Pacificateur.

En raison des sentiments profonds rattachés au sujet important et sensible de cet ouvrage, nous avons largement consulté autour de nous. Néanmoins, s'il y avait malgré tout une quelconque omission, nous nous en excusons humblement.

LA GRANDE PAIX
Pacificateur

Sur les berges du lac Ontario
Aux abords de la baie Quinte
Vivaient les Hurons, vivaient les Wendats
De sang iroquois, les Wendats.

Pour leurs cousins, pour leurs voisins
La vie se résume à la guerre, à la misère.
Pour leurs voisins, pour leurs cousins
La vie a perdu tout sens
Ne connaissant que la mort et le deuil.

Kayaneren'kó:wa
Skén:nen Rón:nis

Atsya'ktátye ne Kanyatarí:yo
Ákta tsi kanétskare Quinte atina'tónhkwa
e'tho thati'terón:tahkwe ne
Ratiwén:tarak Tehotinontáthe
sa'tehotinekwenhsò:ten ne
    Rotinonhshyonní:ton

Sa'tehoti'nikonhro'ténhne
ne rononra'sé:shon táhnon
    tehotinonhsané:ken,
shoti'nikonrhén:'onh ne ka'nikonhrí:yo.
Ne ok ne ka'nikonhraksénhtshera
táhnon kenhé:yon í:ken.

Hommes et femmes s'effondrent
Dans la douleur et la misère
Le malheur et la souffrance.
Tous sont menacés, tous sont menaçants
Personne ne s'éloigne par peur du danger
Personne n'ose rêver de paix
Tout semble perdu, tout espoir a disparu.

Quand arrive le grand bouleversement
Créateur décide d'intervenir.
Une jeune fille sans mari
Une jeune fille de la Nation Wendat
Met au monde un enfant
Met au monde un enfant béni.

Shontakahá:wi tó:kenhske tsi
roti'nikonhráksens ne ronón:kwe táhnon
konnón:kwe,
yótteron ayontawénrye ka'nón:we.
Yah tehontatenyahé:senhs ne
onkkwe'shón:'a ó:nen.
Yah skén:nen té:ken,
yononwiréhton ne yohrarátshera,
kwa'nyóh rotiya'tahtón:'onh.

Ó:nen e'tho na'á:wen'ne
kí:ken yakoya'tawá:ton yewirenhá:wi
Karonhyá:ke thonwatennyéhton
ahrennákerate
ne nihononhwentsyó:ten ne
Tehotinontáthe.

Personne ne veut de lui
Même pas sa grand-mère, sa Rohsótha.
Car sa mère, car sa fille
A déshonoré son peuple
A déshonoré sa famille
Trop jeune et pas encore mariée.

Rohsótha attente aux jours du bébé
Elle essaya, *dit-on*, de le noyer
Elle fait un trou dans la glace
Et y jette le nourrisson.
Mais de retour à la maison, elle découvre
La maman berçant l'enfant dans ses bras
Rohsótha avait tenté de le noyer
Elle n'y était pas parvenue.

Deux autres fois elle essaye
Avec le Feu, avec la Terre
Deux fois encore mais en vain.
C'est alors, *dit-on*, qu'un messager
Fut envoyé par Créateur…

Cet enfant est un don, je vous l'offre
Ce garçon vous indiquera la voie
Vers l'Amour, le Respect, la Confiance
et l'Espoir
Vers le Courage et le Pardon…

Yah teyako'nikonhriyó:'onh
ne Rohsótha
Wa'ontéhen tsi yah teyakonyá:kon
ne ontatyén:'a.

Rohsótha wa'ontenyén:ton
ahonwarihwáhton'te
Rón:ton ses, wa'onte'nyén:ton
ahonwá:skohwe
Owisá:ke wa'onhshonyón:ni
E'tho wahonwaya'tón:ti ne owirá:'a
Tsi ó:nen sáyonhwe
tsi tyakohskwáhere
e'tho thaya'tsyón:ni ronwayenawá:kon
ne ro'nihsténha
Rohsótha yah teyakokwénnyon
ahonwaya'táhton'te.

Teyoterátston á:re sayonte'nyénton
Ó:tsire táhnon o'kén:ra wà:ontste
ahonwaya'táhton'te
Khá:re ó:nen, rón:ton tsi
Shonkwaya'tíson
wahonwaténnyehte ne rarihwayénhna

Wahèn:ron, I' thiyatennyéhton
ashakoháhara'se ne onkwe'shón:'a
ne aonsahatiyentérha'ne ne
arihwatokénhtshera táhnon
arihwiyohsténhtshera,
atatkwenyénhtshera, kanoronhkwáhtshera
táhnon ateryahtíhtshera…

J'ai parlé à Aigle, elle est d'accord
Á:kweks veillera sur lui
Et vous, chère Sage, vous lui donnerez
Le nom que je lui ai choisi...

Rohsótha fit ce qu'on lui demandait
Et nomma l'enfant Pacificateur
Un nom évoquant la paix et l'espoir
Le bâtisseur de la maison.

Pacificateur devient
Grand et fort, aimable et droit
Aimé de tous. Main de Créateur
Veille sur tout être vivant.

Devenu homme, Pacificateur trace la voie
Vers l'Amour, la Confiance,
la Compassion
Le Courage, l'Espoir, l'Honnêteté
La Paix et la Justice.

Kheriwanontón:nih
ne A:kweks ahonwaya'tanénhstate
táhnon í:se entshehsén:nen ne raksá:'a
tsi nikahsennò:ten rirakwén:nih...

E'tho káti na'óntyere
ne Rohsótha
E'tho nikahsennò:ten ne Skén:nen
Rón:nis tahonwá:yen
E'tho entkayénhtahkwe ne skén:nen
akénhake
ne "*Rononhshonní:ton.*"

Skén:nen Rón:nis tsi ní:yoht tsi
wahonwayentérha'ne
E'tho wahatehyá:ron, rorihwakwaríhshon
Akwé:kon wahonwanó:ronhkwe
Akwé:kon wahonwayentérha'ne
Akwé:kon wahonwayanénhawe

Akwé:kon wahonwayanénhawe ne kí:ken
rón:kwe
tsi nón:we ne arihwatokénhtshera
táhnon arihwiyohsténhtshera,
atatkwenyénhtshera,
kanoronhkwáhtshera
táhnon ateryahtíhtshera, ne' ó:ni ne
ka'nikonhrí:yo, skén:nen táhnon
ka'satsténhshera.

Tsikónhsase

Pacificateur, *dit-on*, quitta sa maison
Dans un grand canot blanc de pierre
Attiré par les cris de douleur
De l'avarice et du mensonge…

Ses cousins Mohawk du sud
Sont eux aussi ravagés par la guerre.
Les traces qu'il suit, profondes et claires
Sont celles de Créateur.

Le cœur rongé par la vengeance et la colère
Ils l'observent sur ce lac calme et paisible
Il ne s'agit pas d'un homme ordinaire
Un *canot de pierre*… Ils le laissent passer.

La première personne qu'il recherche
Est une personne puissante
Qui ment et trompe tous ceux et celles
Qui lui demandent refuge.

Tsikónhsase a vendu son cœur
Et son âme aux Tentations :
Avarice, Jalousie, Paresse, Luxure
Gourmandise, Colère.

Kenrà:ken nikanenyò:ten yá:ken yonyá:ton
kí:ken kahonwé:ya wahatíta
Ó:nen wahathón:wenhte
ne' royatatiróntha
ne karonhyakénhtshera
ne tsi nón:we yothá:te ne ateriyóhtshera.

Entsyè:ke thatiterón:tahkwe
ne ronara'sé:shon ne Kanyen'kehà:ka
ne' ó:ni ratiyenté:ri ne ateriyóhtshera
Ne' royanenhá:wi ne Shonkwaya'tíson
tsi nón:we teyottakwaríhshon.

Á:yenhre yowí:sare kanyatarà:ke
Wahonwá:ken ne rotihskenrakéhte ronterí:yos
Wahóntoke tsi thihayá:tate ronkwe'tóyen
Teyohswáthe ne raonhonwé:ya
e'tho káti skén:nen tsi yahatóhetste.

Né:'e wahshakoya'tí:sake
tsi niká:yen yerihwa'sátste
Yerihwahséhtha tsi niká:yen e'tho
Ronatohetstonhátye e'tho ahatinón:wete.

Teyakorì:wate táhnon yakonó:wen
Tesyarónkwen nonká:ti yerihwáhsnyehs.

Il la trouve et reste près d'elle
Il lui parle et chante pour elle
Il lui demande de l'aider
À construire un monde meilleur.

Il l'invite à partager son rêve
Pour tous, une Confédération
Sous l'Arbre de la Paix
Pour chacune des Nations.

Tsikónhsase est très émue
Et honorée par son offre
Cet homme incarnant la Puissance
La Paix et l'Espoir, l'Amour et la Justice.

Oui, elle se tiendra à ses côtés
Malgré épreuves et difficultés
Et en retour, elle sera vénérée
Comme la *Mère de toutes les Nations*.

Wahshako'nikonhrakwé:ni
tsi nikarì:wes skáhne thni'terón:tahkwe
Wahsahakoriwanón:ton'se
ahonwariwahsne'se ka'nikonhrí:yo
ayerihókwahte
ne skén:nen akénhake tsi
kanakerahserakè:ron.

Ne káti ne skáhne ahontirón:ton
oná:kon tsi tsi yonahsataherháhtshera
skén:nen aontá:we
tsi nya'tekanakerahserà:ke.

Akwah í:ken wa'erihwanón:we'ne
ne Tsikónhsase nahò:ten rarihwayentátye
Ne' ranyén:te ne ka'nikonhrí:yo,
skén:nen, ka'satsténhsera táhnon
kanoronhkwáhtshera akénhake.

Ne ó:nen wa'erihwayé:na wa'aì:ron
enhonwarihwáhsnehse
yawerenhátyen nahò:ten nenyá:wen'ne
Wahèn:ron e'tho ní:yoht
enshakotiyentérha'ne
nè:ne ka'nihsténhsera
tsi nya'teyonohwentsyà:ke

Ayenwáhtha

Sur les berges d'Onondaga
Près du lac Onondaga
Vit un grand homme : Ayenwáhtha
Connu de tous, Ayenwáhtha
Aimé de tous les Onondagas.

Il rêve pour son peuple
D'un monde meilleur, Ayenwáhtha
En paix sans l'horreur de la guerre
Sur la voie de la Confiance, la Sagesse
La Compassion, la Vérité et l'Amour.

Son peuple, *dit-on*, lui demanda
De rencontrer Atotarhoh
De trouver l'homme sombre
Obstacle à l'Espoir et à la Paix.

Lorsque son peuple lui demande
De se mesurer à Atotarhoh
Ayenwáhtha répond tout simplement
J'ai sept filles que j'aime profondément.

Le peuple vient une deuxième fois
Voir le doux Ayenwáhtha.
Il lui demande à nouveau
D'aller à la recherche du feu de camp
Du sorcier Atotarhoh
De l'effroyable Atotarhoh.

Atsya'ktátye ne Ononta'à:ka
Then'terón:tahkwe
ne rohsennowá:nen Ayenwáhtha
nihohsennò:ten
Akwé:kon ronwayenté:ri
akwé:kon ne Onontowanen'à:ka
ronwanorónhkwa.

Wahayén:tere'ne tsi ok nahò:ten
tá:we e sénha aontakáhkwa'te
raoti'nikón:ra ne raononkwé:ta
Ne káti waharihwí:sake tsi nón:we
naontá:we ne skén:nen
yaweronhátyen to niyo'sátste ronaterí:yo
Rorhá:re ne yohà:te ne
ahontatesennakará:tate tsi nón:we
ne orihwí:yo táhnon kanoronhkwáhtshera.

Rón:ton tsi wahonwarihwanón:ton'se
ahonwahthárha'se ne Atotárhon
ne niká:yen tharihwáya'ks ne skén:nen.

Ròn:ton ses ne ó:nen Ayenwáhtha
wahonwarihwanón:ton'se
ahowén:naren ne Atotárhon
Ne' ok waharihwa'será:ko, tsyá:ta nikón:ti
wakewí:rayen ne yonkenorónhkwa.

Ó:nen á:re sahonwarihwanón:ton'se ne
Ayenwáhtha
ahowén:naren ne tsi niká:yen
ronwatshá:nis,
ne rata'én:naraht ne Atotárhon
tsi nón:we thotsyénhayen,
yah tehorihwa'serákwen.

Ils lui demandent une troisième fois
De protéger leurs enfants
D'arrêter cette horreur
De freiner la colère d'Atotarhoh.

Il connait bien l'homme sombre
Il met la vie de ses filles en danger.
Espérant la paix, il quitte son foyer
Et perd ses sept filles bien-aimées.

Près des berges d'Onondaga
Près du lac Onondaga
Est assis un grand homme, Ayenwáhtha
Envahi de tristesse, plongé dans le deuil
Il pleure la mort de ses jeunes filles.

En temps de guerre, de mort et de peine
On a tous besoin d'être consolés.
Dans les moments sombres
On a tous besoin d'être réconfortés.

Ayenwáhtha vit son deuil en solitaire
À l'heure la plus sombre de sa vie.
Ignorant sa douleur et sa tristesse
Désireux de consoler son prochain.

Il prend une branche de sureau sec
La coupe en fines lanières
Les croise délicatement
Autour d'un fil d'écorce torsadé.

Ó:nen ahsénhaton sahonwariwanón:ton'se
tókat ahshakowennakará:tate ne
    ronwatiyen'okón:'a,
tahó:tenhste táhnon aonsahati'nyá:ken'ne
raona'khwénhtshera ne Atotárhon.

Rón:ton ses akwah tokén:'onh royenté:ri
yawerenhátyen tsi roksá:tayen
yohrarátston tsi e'tho nón:we
    entkayénhtahkwe ne skén:nen
Ó:nen káti wahahtén:ti
táhnon wa'konníheye ne tsyá:ta nikón:ti
    shakoyen'okón:'a.

Ó:nen káti wahátyen tsi
kanyatarákta Onontá:ka konwá:ya'ts,
ka'nikonhraksénhtshera tsi nón:we
    wahononwí:rehte
ne tsi wahóhton'se ne shakoyen'okón:'a.

Ne' ó:nen kenhé:yon, ateriyóhsera
tókani ka'nokonhraksénhtshera
    nenyá:wen'ne
Ta'akó:karahwe ako'nikonhrà:ke
Yakoheyontónhtshera
    wa'teyakotonhwéntsyo'se.

Ya'tehoya'tíhston tsi wahatatewèn:tehte
Ahshontakonhkó:wa wahotá:tenhre
Yah né:'e tehatatenonhtónnyons
akó:ra ranonhtónnyons tahshakoyatarhó:wi.

Ó:nen káti wahatshén:ri ne Orà:se
    ken'nikakwirò:ten yohstathá:ton
táhnon wahakwe'tarón:ko
nè:ne wahahseriye'tón:ni.

Il place chaque lanière avec amour
 et attention
Avec chacune, une pensée de guérison
Ce Wampum qu'il vient de créer
Offrira guérison et consolation.

Non loin de là, Pacificateur, *dit-on*
Observait la scène.
Il sort de l'ombre et met la main
Sur l'épaule d'Ayenwáhtha.

Il s'assoit près de lui, et ils pleurent
La mort de ses jeunes filles
Il écoute son douloureux récit
De profonde tristesse et de souffrance.

Ayenwáhtha, *dit-on*
Partagea son rêve : un pas vers
 la guérison.
Il lui raconte comment il a enfilé
Chaque morceau pour consoler
L'un après l'autre
Pour que l'histoire soit racontée
Il veut ce rêve pour tous
Pour l'amour et non la gloire.

Alors Pacificateur lui sourit
Ajoute d'autres lanières
Tout en parlant d'Espoir
De Confiance, d'Amour et de Courage.
Il place ces nouveaux fils un à un
Qu'ils les servent dans leur mission
Comme pierre d'assise, leur rêve
Les premiers fils de Condoléance.

Ahseriye'tà:ke ona'watsísta
 wahahwatasénnyon
Yoyánere tsi tahateweyèn:ton
Nya'tekatsinehtarà:ke ne
 kanorohkwáhtshera
onekórha royenawá:kon ne
 ahshako'nikonhrakétsko
tsi niká:yen yakonikonhrèn:ton.

Ròn:ton tsi nè:ne Skén:nen Rón:nis
 tehoká:nere
tsi nón:we yorahkwawérhon
e'tho nyahá:re wahohsnonhsà:ren
ranenhsà:ke ne Ayenwáhtha.

Raya'tákta wahátyen, wa'thyahséntho
tsi wahóhton'se sakoyen'okón:'a
Thotahonsatá:tonh
ne niyó:re ronikonhrèn:ton.

Ròn:ton ses tsi Ayenwáhtha
wahohró:ri tsi wahahseriye'tón:ni
Ka'nikonhrakétskwen ki:ken
nè:ne onekórha tsyotón:'onh
Wahahseriyetaniyòn:ton
nè:ne aonsayonthrórya'te
ne yohà:te ne ka'nikonhrakétskwen
táhnon kanoronhkwáhtshera.

Tsi niká:yen Skén:nen Ron:nis ó:nen
 wahoyéhshon
e'thó:ne wahaseriye'tahsónteron
atehraráhtshera, arihwatokénhtshera,
kanoronhkwáhtshera, táhnon
 ateyahtíhtshera.
Tontahahseriye'taniyòn:ton
ahatirihwáhsere nahò:ten ratinyén:te
awatehyá:ron kaya'takwe'niyóhtshera
Tsyotsyerénhton wahseriye'taniyòn:ton
yakoheyontónhtshera.

La Grande Paix

Pacificateur, Tsikónhsase
Et le pacifique Ayenwáhtha
Dressent un plan : *un Bon Message*
De Paix, de Puissance et de Justice.

Aux yeux de tous c'est un défi
De s'unir sans armes, d'est en ouest
Une seule maison longue, une seule famille
Toutes les Nations répondent à l'appel.

Pacificateur, *dit-on*, les invita
Sous l'Arbre de la Paix
Cette famille déchirée
Venez, et écoutez avec le cœur.

Kayaneren'kó:wa

Nè:ne tsi niká:yen Skén:nen Rón:nis, Tsikónhsase
táhnon Ayenwáhtha
wahatirihwahserón:ni nè:ne Orihwí:yo
nè:ne Ka'nikonhrí:yo, Skén:nen táhnon Ka'satsténhsera.

Akwé:kon se ahonte'nyéntenhste kí:ken Karihwahserón:ni
tsi tkarahkwíneken tsi niyó:re yatewahsóthos – skén:nen aontahón:ne
nè:ne skahwatsí:ra aontahonthwe'nón:ni
kanónhses ahatiná:tonhkwe.

Ròn:ton tsi niká:yen ne Skén:nen Rón:nis
tekahwatsirakháhshon wahsahakotiná:tonhkwe
ahonthwe'nón:ni onà:kon ne tsyonarahtase'kó:wa
Sewaweryahsakwé:kon tsi aesewatahónhsatat.

LA PAIX

Les fils du Wampum dans les mains
À tous, de près et de loin
Il leur promet un monde meilleur
D'Espoir et d'Amour, de Confiance
et de Paix.

Il veut soulager la souffrance
Des années de guerre et de misère.
Tristesse et peur avaient tout consumé
Même les rêves du lendemain.

Son vœu : guérir les âmes troublées
Qu'il appelle *la pensée bienveillante*
Un mode de vie plein de Sagesse
D'Espoir, de Respect et de Confiance!

Il parle des aspirations profondes
De guérison émotive et physique
De quiétude au jour le jour
Sans crainte de guerre ni de mort.

Sur les chemins connus et moins connus
Être accueilli par Tous
La paix assure le bonheur
Et la liberté à toutes les Nations.

Skén:nen

Onekórha rahsnonhsà:ke ráhawe
Wahshakorihwakehrón:hahse oh ne'
ní:yoht
ne ka'nikonhrí:yo, skén:nen táhnon
ka'satsténhsera
enwatotáhsi akará:kewe ne
ka'nikonhraksénhtshera
niyó:re é:so niyóhserà:ke ne
karonhyakénhtshera
wa'thontóhetste.

Ne ratinyén:te ne' akará:kehwe
ne káti ne ka'nikonhrí:yo wahaná:tonhkwe
enwatétsyen'te
ne teka'nikonhrhárha
Enshoti'nikonhrakwarihshyónhake
enhontatkwenyénhstake ne' yohrarátston.

Wahatthrórya'te ne nahò:ten
wa'thonnatonhwénsyo'se
ne awatésyen'te ne tsi ní:yoht tsi
ronttó:kas
ne ó:ni ratiya'tà:ke
skén:nen ahonnonhtonnyónhseke
nya'tewenhniserà:ke
yah ne' ahatitshahníhseke ne ateriyóhsera
táhnon rontatawénthos.

Enwá:ton aonsahontawénrye tsi
yohaténnyons
Skén:nen ayethinatahré:na'se
nya'teken'tá:rake ne ronara'sé:sen
Ahonnatshennonníhake tsi skén:nen í:ken
tsi nya'teyononhwentsyà:te.

LA JUSTICE

Il parla de justice, *dit-on*
En ses propres mots, le *Bon Message*
Cultiver des pensées bienveillantes
La justice pour chacun et toutes
les Nations!

Ils doivent favoriser la jeunesse
Leurs enfants et leurs lendemains
Transmettre le *Bon Message*
Léguer la paix, non la tristesse.

Ka'nikonhrí:yo

Ròn:ton ka'nikonhrí:yo wahatthrórya'te
Watthrorya'tsherí:yi ne raowén:na
Wahshakohró:ri ka'nikonhrí:yo
ahatihawí:seke
ahotiya'tayé:ri ne ón:kwe táhnon tsi
yononhwentsyaténnyon.

Ahshakoti'nikonhrayé:ra'te
ronwatiyen'okón:'a
tsi nithotiyén:sas ne ohén:ton
yawenniseratenóntye
Ne watthroya'tsherí:yo
ahshakotirihónnyon
Skén:nen ahononhtónnyonhwe, yah né:'e
ne ka'nikonhraksénhtshera.

LA PUISSANCE

Ils ont surtout besoin, dit-il
De la Puissance, rien de moins
La force est dans l'union
Une arme contre l'oppression.

Il prend alors une flèche, la brandit
Et la casse en deux morceaux
Il en prend cinq et ne peut les casser
Elles résistent. *Comme vous devriez aussi.*

Il leur dit d'être vigilants
De s'unir pour la paix, maintenant
Le message est clair : *Tous unis,*
Un seul corps, un seul esprit, un seul cœur.

Ka'satsténhsera

Nè:ne yehská:konte wahèn:ron
tenhonatonhwéntsyo'se
Ka'satsténhsera wahaná:tonhkwe
Ne ó:nen ska'nikòn:ra enhonthwe'nón:ni
e'tho nón:we téntewe ne ka'satsténhsera.

Kayén:kwire wà:thrahkwe
táhnon wa'thá:rihte
Wisk nón:wa sahate'nyén:ton
Ne' ok tsi yah tehokwénnyon " sa'té:yoht
nensewá:yere"

Wahshakohró:ri ahontaten'nikòn:raren
Taharihwayé:ri'te wahèn:ron
"Ska'nikòn:ra tensewahwe'nón:ni
sewaweryahsakwé:kon
ensewarihwahní:rate"
tehsénhnhe ne skén:nen.

La grande Ligue pour la paix

Lorsqu'ils eurent adhéré à son rêve
Son plan fut adopté :
Voici notre pacte, une Ligue pour la paix
Aucune Nation ne sera seule.

Puis il s'adresse à Tsikónhsase
Et lui demande les noms
Des Chefs tels que proposés
Par les Mères des clans, des Nations.

Il lui demande de décerner
Le *Panache de l'Autorité*
Aux cinquante hommes montrant
le chemin
Vers l'Espoir, l'Amour et la Gloire.

Parmi eux se trouve Atotarhoh
Le dernier à se joindre à la Ligue
Sorcier maléfique, devenu Chef de la Paix
Et à ce jour, le gardien du feu.

Teyorihwayenawá:kon ne Skén:nen

Ne ó:nen akwé:kon wahatirihwayé:na
ne karihwahserón:ni ó:nen
wa'karihwahní:rate,
"Ne nón:wa tesewahwe'nón:ni ne kí:ken
skennen'kó:wa
nya'teyononhwentsyà:ke yah ónhka ok
thaontayakoya'tíhstonh

Tsikónhsase wahshakorihwanón:ton'se
ayontka'wánnyon ne kahsenna'shón:'a
Yotiyá:ner yakorákwen
tsi niká:yen Ryá:ner akénhake.

Wahshakorihwanón:ton'se
"tahshakotina'karahrónnyon"
Wisk niwáhsen nihá:ti
ahonaterihontónnyonke
ahonthará:tate kanoronhkwáhtshera
táhnon skén:nen.

Atotárhon né:'e ne yehská:konte
wahonwanikonhrakwé:ni
Ó:nen wahatya'tá:ra'ne
Ótkon nihaya'to'ténhne – ó:nen Royá:ner
ne skén:nen sahá:tont
Enhatsteríhstake tsi rotitsyénhayen.

Voici le dernier message de Pacificateur
Une seule maison longue
Une seule famille
Mohawk, Oneida, Cayuga
Onondaga et Seneca.

Ses paroles, *dit-on,*
Étaient douces mais claires
Tous rassemblés
Autour d'un seul feu
Un seul Rotinonhshón:ni.

Maintenant, enterrez vos armes de guerre
Sous le Pin blanc de la Paix
Et accueillez tous ceux qui suivent la loi
L'unique loi ... la Grande Loi de la Paix.

Yorihwató:ken ne yehská:konte
raowén:na tsi niká:yen Skén:nen
Wahrón:ni
Skawatsí:ra kanónhses yotón:'onh ...
ne Kanyen'kehà:ka, Onenyo'ta'à:ka,
Kayo'kwenhà:ka,
Shotinonwanen'à:ka táhnon
Ononta'kehà:ka.

Rón:ton ses rowenna'nétska ne' ok tsi
rowenní:yo
"Enhskat tsi enhatitsyénhayen
wisk nihonnonhwentsyà:ke skáhne,
Rotinonhshonní:ton."

Onà:kon ne Tyonerahtase'kó:wa
Yensewá:yen ne ateriyohstáhkwa
táhnon enshonkwe'tará:ko ne tsi
niká:yen "enhatiyanerehserénhawe
Skayanerénhsera ... Kayaneren'kó:wa."

LES CLANS IROQUOIS

Les nombreux animaux qui figurent dans ce livre représentent une confédération unique créée il y a plusieurs siècles par les Iroquois, et appelée « le système des clans iroquois ». Les clans furent créés dans le but de réunir les membres d'une même famille. Chaque tribu iroquoise se compose d'un certain nombre de clans et chaque clan est représenté par un animal particulier. Le système de clans familiaux est au cœur de l'organisation sociale des Iroquois et de leur culture.

En mohawk, « La Grande Paix » se dit « Kayaneren'kó:wa ».

Ka – désigne la force. Utilisé lorsqu'il y a eu changement, par rapport à l'état naturel.

yan – désigne l'espace entre les pas. Lignes directrices et principes établis.

eren – a été fait ainsi.

Kó:wa – qui est grand et bon.

« À mon défunt père, Wilbrod Bouchard, qui me guide et me soutient, comme il l'a toujours fait. »
— D.B.

« À mon défunt père, Stanley Skye, pour toutes les connaissances culturelles qu'il m'a transmises. C'est la source même de ma force, c'est une inspiration constante sur le chemin de la vie. À mon épouse, Wilma. Pour son amour et son soutien qui remplissent ma vie et lui donnent tout son sens.
— R.R.S.

Les Éditions des Plaines remercient le Conseil des Arts du Canada et le Conseil des Arts du Manitoba du soutien accordé dans le cadre des subventions globales aux éditeurs et reconnaissent l'aide financière du gouvernement du Canada par l'entremise du Fonds du livre du Canada et du ministère de la Culture, Patrimoine.

Éditrice en chef : Joanne Therrien
Éditrice : Huguette Le Gall
Traduction : Carole Freynet-Gagné
Adaptation : David Bouchard, Huguette Le Gall, Emmanuelle Abelé
Révision : Pierrette Blais
Traduction en mohawk : Franklin W. Miller
Photographie des illustrations : Lisa Fluke
Conception graphique : Arifin Graham, Alaris Design
Version anglaise : The Great Law © 2014 MTW Publishers

DÉPÔT LÉGAL, 2015 :
Bibliothèque nationale du Canada, Bibliothèque nationale du Québec et Bibliothèque provinciale du Manitoba.

Éditions des Plaines
C.P. 123 Saint-Boniface (Manitoba) Canada R2H 3B4
Tél. : 204 235 0078 • admin@plaines.mb.ca • www.plaines.ca

L'auteur métis **David Bouchard** s'entoure des meilleurs artistes autochtones contemporains, partageant ensemble la beauté de leurs cultures respectives. Champion de l'alphabétisation, conférencier émérite, auteur à succès, David Bouchard, en plus des multiples prix reçus, a également été nommé Membre de l'Ordre du Canada. Son œuvre littéraire, écrite pour que les adultes lisent aux plus jeunes, inclut des titres marquants et primés tels que : *Je suis Corbeau*, *Les Sept Enseignements sacrés*, *Sous la lune de Corbeau*, *Le Capteur de rêves*.

Raymond Skye, artiste Tuscarora Iroquois, est né dans le territoire de *Six Nations Grand River*, dans le sud de l'Ontario. Autodidacte et son propre maitre, il a su s'imposer comme un artiste talentueux, attentif au moindre détail. Étudiant à vie et promoteur de la culture iroquoise, il contribue de façon remarquable à l'épanouissement de son patrimoine. Expression de l'âme, son œuvre reflète la lignée de ses ancêtres, ouvrant la voie de la résilience aux Iroquois, les Haudenosaunee. L'apport de Raymond Skye à sa communauté est non seulement remarquable, il est essentiel.